D1393481

Je n'ai plus de cendre dans la bouche

Manifestes

Les éditions de la pleine lune
3862 Henri-Julien
Montréal
H2W 2K2

Distributeur :
Les messageries Prologue Inc.
2975 rue Sartelon
Ville Saint-Laurent
H4R 1E6

À l'intérieur du livre,
trois sculptures de Jovette Marchessault
photographiées par Josée Coulombe :
«Femme de résurrection», p. 19.
«Mère tellurique avec sa fille», p. 36.
«Mère tellurique avec ses deux filles», p. 40.

*La poésie de Julie Stanton chante les
retrouvailles d'une femme avec elle-même,
son corps réhabité, ses amours assumées.
Par la parole, elle circonscrit son espace,
s'y installe, disant non à l'emprisonnement.
Cette poésie de paix enfin trouvée a un goût
de fruits frais, de lait et de bruine marine.*

l'éditrice

julie stanton

je n'ai plus de cendre dans la bouche

les éditions de la pleine lune

POÉSIE

À mes filles
Geneviève et Marie-Hélène

À Lise Bonenfant
Iolande Rossignol
Hélène De Billy
Michelle Rossignol
Simonne Monet Chartrand
Sandrine Berthiaume
Gisèle Thibault

C'est dans l'acte poétique de faire le
point que les poings se décrispent.
                        Claire Lejeune

Nous ne créerons plus à partir de rien
— comme ils ont dit de la création —
nous construirons à partir du silence de
celles qui nous ont précédées.
                    Madeleine Gagnon

Coulisses du cri le corps aux combles
                        de la chair
dessin d'épine et de sel des os
tu passais un doigt entre la peau et le
                            cœur
et tu n'entendais rien jusqu'à la mer.
                        Suzanne Paradis

11

Roulez la pierre

J'éclate de partout
vois ces bandelettes qui soudain se tendent
jusqu'à l'assumance de ma forme originelle
enfin sortie de ce tombeau des rois
où l'on aurait bien voulu m'enterrer
vivante
la source en moi a rongé le granit
jusqu'à l'orée secrète de ma naissance

Me voici
debout dans la lumière
les os crevant le carcan
la chair réhabitée
je n'ai plus de cendre dans la bouche
mon cri me nomme

Roulez la pierre du tombeau
Je dure

Le jugement

Ils m'ont accusée d'aimer en dehors
de leurs normes hypocrites

J'ai crié que l'amour avait ton visage

Ils ont voulu faire de mon ventre
un statut social avec souliers vernis
et amende honorable

J'ai crié que le poème m'habitait
et qu'il n'était pas à vendre

Ils ont essayé de me faire taire
sous la chape de leur morale

J'ai crié enfin tous mes silences retenus
et libéré les oiseaux prisonniers de ma
tête éclatée

Leurs sales préjugés
se sont avancés
en rangs serrés
vertu au poing

Je n'avais pour me protéger que ma blouse de
soie
tu sais cette blouse sur laquelle ta jeunesse
avait posé sa joue

Je n'avais comme armes que mes yeux
d'espérance
tu sais ces yeux où nos frontières
avaient explosé

Je n'avais surtout pas leur apanage de mâles
tu sais cet apanage dont ils se servent
pour dicter les lois et rendre leurs jugements

    Ils ont vite réduit à l'état de non-lieu
    mon sexe ouvert à leurs calomnies
    ce sexe où battent mes âges
    au rythme de vos noms

      Leurs sales préjugés

        se sont avancés

        en rangs serrés

        vertu au poing

    Ils ont frappé de toute leur petitesse ramassée

J'ai fait la morte sous les coups
leur laissant un faux cadavre
sur mon cheval ailé
je les ai vus piétiner de rage

      Ils n'ont jamais trouvé mon coeur
      Je vis
      Ils pourrissent sous la toge

Sillery Garden

Tant de fois je les ai vus
griffes rentrées
sourires politiques
à faire semblant d'être des humains
ces loups déguisés en homme du monde
dont les yeux rusés
démentent la peau

Le petit mari

J'avais pris par mégarde
un petit petit mari
si petit le perdis
dans mon lit
dans ma vie

J'avais pris par mégarde
un petit petit mari
jamais ne me regarde
dans ma tête
dans mon cœur

Ce petit mari puissant
se pensant tout-puissant
son argent
pour s'approprier les gens
son argent
pour exproprier l'amour

Pauvre petit petit mari
femme partie
fille enfuie
ta vie sur l'or
et puis la mort

Le lait

Tu poses tes lèvres sur mon sein...
Je me rappelle ces moments de félicité où l'enfant me suçait l'amour du ventre. Je le nourrissais. Il me confirmait. Femelle griffes refermées sur ce fruit éclaté, ma démesure coulant dans son devenir.
Tes cheveux sous mes doigts...
L'enfant était rond et chaud. Sa joue me brûlait la vie et j'avais envie de pleurer. Je tenais entre mes bras toute mon adolescence à vouloir me déverser aux confins de moi-même. Une petite bouche venait de lever l'embâcle et je pouvais enfin naître.

... Je me souvenais du lait de ma mère.

Droits de visite

Les enfants dorment
me vient le goût amer de leur absence

Mes eaux
toujours traversées de leurs ondes
se souviennent des paysages
sous les algues

Mémoire du corps à corps
reconnaissance de mes lieux abolis
à rapatrier avec nos connivences

Je creuse le littoral des retours...

Michel et Bernard

Toi le petit et toi le grand
mes fils
que je connais si peu
mais qui me ressemblent il me semble

Un jour
nous mettrons nos pas dans nos pas
nous accorderons notre amour
à la mesure de ce temps volé
à nos tendresses

Nous referons l'enfance

Geneviève

Tu m'es revenue ma fille
mais étions-nous vraiment séparées
à la recherche de tes racines

Toi
la première à m'habiter
à te nourrir de ma vie
Toi
la première
à forcer les portes de mon corps
aspirée par ta propre lumière
te voilà
forçant les portes de ma maison

Et notre appartenance chasse la mort

Ma maison

Les flancs de ma maison
au lieu même de mon nom

    Au mi-temps de ma vie
    dans ma maison
    je peux éteindre enfin toutes mes soifs
    fermer portes et fenêtres
    crier tous mes cris
    m'appeler à gorge déployée
    et lever les voiles

    Je suis chez moi

À circonscrire mon espace
il m'a fallu user poignets et genoux
maintenant je suis souveraine
et reçois qui me ressemble

Je n'ouvre qu'à la tendresse
et jette dehors
comme un chien
celui qui porte or et cravate

J'éventrerais ma maison
plutôt que d'ouvrir au roi

Ni maison de mon père
ni maison de l'homme
ni même celle où l'enfant règne
ma maison pousse ses racines
bien plus loin que tu ne le crois

Cet antre retrouvé
est un ventre

Quand tu pénètres dans ma maison
c'est en moi

Monte
le grenier de nos amours
passe par l'enfance

Les flancs de ma maison portent ma vie

Le père

La mère regardait intensément son enfant. L'enfant regardait intensément sa mère. L'une et l'autre se savaient plus que n'importe qui car elles se portaient mutuellement et portaient leur amour à bout de cœur comme un miroir réfléchissant leur naissance.

Personne ne s'assied près d'elles deux.

Elles étaient enveloppées d'une muraille trop tendre et trop forte à la fois pour que l'on puisse songer un instant à pratiquer une brèche dans leur ventre unique. Plonger à l'intérieur de leur retranchement eut été un vertige trop grand.

Mais lui, le prophète qui les avait nommées avant même d'arriver jusqu'à elles, lui le poète fragile et doux comme leur sexe, homme et femme à la fois, il les prit toutes deux par les yeux. Elles dirent «Oui...» Se laissèrent couler au bout de leur confiance sachant d'instinct qu'elles pourraient voyager avec l'homme à leur côté. Comme l'enfant voulait tenir les racines de l'homme, la mère dit à celui-ci de s'asseoir à ses côtés : «Ainsi je pourrai mieux voir mes paysages où vivre est un bonheur.»

Quand l'enfant s'endormit sur le sein de l'homme, la mère sentit tout doucement qu'elle était à nouveau fécondée d'amour. Elle le sentit par le regard de l'homme posé à même sa certitude. L'enfant les unissait aussi loin que le cordon de vie tressé entre leurs jours-avenir à s'aimer.

Alors la mère prit la main absente de l'homme et la referma sur leur vie. Dans son sommeil l'enfant se mit à rire.

La mère l'avait toujours su. L'enfant le lui avait dit avec les yeux : « Celui-là est mon père... » L'enfant était poète.

le 12 février 1979

Pégase

Nous nous sommes trouvés par la mer

Je t'ai reconnu
Tu étais comme moi
Mouillé

Le licou de mes bras t'a fait changer de peau

Mais

Au fond de tes yeux court mon espace à découvrir
Laisse laisse affluer mes effluves
Toute vie vers toi en mes veines ramassée
Mais je veux faire des ronds dans l'eau

Au fond de tes yeux tourne ma folie à dévisager
Laisse laisse monter mes chants
Toute musique en mes hanches pour toi retenue
Mais je veux allaiter le chevreuil

Au fond de tes yeux brûlent mes gerçures à cicatriser
Laisse laisse se déchirer ma robe de mariée
Toute tendresse de toi infiltrée sous la peau
Mais je veux danser avec la lune

Au fond de tes yeux bougent mes peurs à fendre
Laisse laisse aller la flèche
Je veux m'enfoncer dans tes yeux
Mais libérer la colombe

Le ghetto

Comme une fourmilière
la vie
où chacun trace sa route
jusqu'à l'entrecuisse
un seul chemin
toi mon amour celui de ta poésie
toi ma sœur celui de tes sœurs

Le ghetto nous fait tresse
mais ton foulard de soie me désespère

Le ghetto comme château de sable

Mon jardin

Femme de pulpe
sous ta langue
à m'éclater
je suis
crème pralinée à la vanille

Mon sexe coule dans ta tête
ta vie entre mes reins
me donne au ventre
un jardin
où poussent des enfants

À mes filles

Mon corps de quarante ans
tant de fois labouré
quatre fois ensemencé
tu as donné
fleurs et fruits
lait et vigne

mon corps de quarante ans
à la source de vie tarie
mais non l'Amour

mon corps
aux seins qui se reposent
et fléchissent
mais non la Faim

mon corps
au ventre qu'ils ont coupé
sans tendresse
et qui n'est plus le même
mais non le Cri

mon corps
aux cuisses fatiguées
piliers et berceau de l'enfant
aux cuisses sillonnées
mais non le Sommeil

mon corps
au sexe asséché
par ses racines extirpées
mais non la Soif

Mon corps de quarante ans
à la mémoire vibrante
mon corps
traversé de tous ses chants
aujourd'hui
je te chante
je peux enfin m'habiter

Mes filles déjà me recommencent

Demain

Demain
mon enfant ma fille mon amour
nous ne serons plus ces naufragées
à nous tendre les bras
par-dessus les glaces

Demain
nous traverserons le soleil
nos baisers comme des poings
au visage de ces hommes de pierre
qui ont détourné tes chemins
chaviré ton enfance

Demain
nous marcherons sur les eaux
nos rires comme des lanières
aux reins de ces hommes d'airain
qui ont brouillé nos traces
teint nos jours en noir

Demain
nous mettrons le vent en gerbes
nos chants comme des poignards
au cœur de ces hommes de paille
qui ont brûlé nos heures
les étés de nos âges

Demain
nous habiterons des terres sauvages
nos silences comme sécheresse
au ventre de son de ces hommes
qui ont assoiffé nos tendresses
figé notre sang

Demain
notre rivière ma fille mon amour

Marie-Hélène

Ma toute petite
fille sous la peau comme une écharde
tu me fais mal tu me fais mal
ton rire à mes tempes
ta joue-pomme qui dort
dans les lignes de ma main
me donnent la faim des baisers empêchés

Ma toute petite
fille dans la gorge comme un sanglot
je te retiens je te retiens
à bout de souffle et de révolte
notre espace morcelé
par des loups sans louveteau

Mais notre Voie lactée

Mon amante d'amande
à n'en plus finir de te goûter

Ma toute petite
fille sur mes lèvres comme un poème

le 26 mars 1979 pour le 26 mars 1969

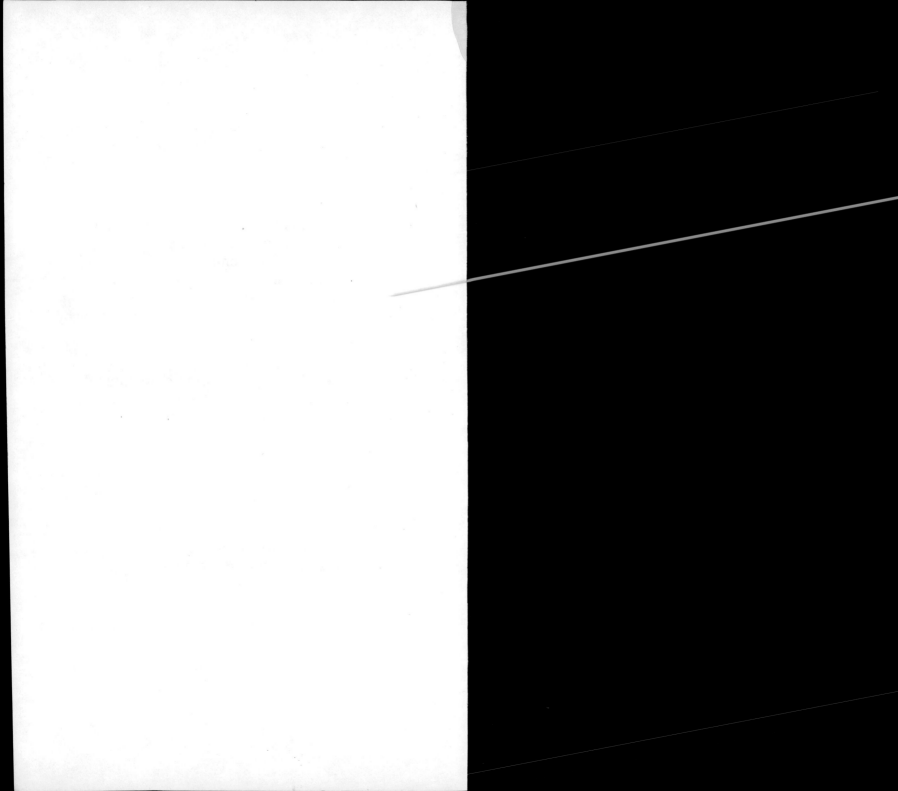

Maman si tu mourais

je dormirais avec ton ombre
je caresserais le vent
je toucherais le vide
je parlerais à une âme

Marie-Hélène, dix ans,
Les Îles-de-la-Madeleine,
le 12 août 1979.

Mille fois je serais morte
je te le dis
à naviguer ces saisons émondées
mes silences jusqu'à la moëlle
mes pays violés
Je serais morte
au bout de mon cri coulé sous les os
ma vie coupée sous la gorge
je serais morte mille fois
je te le dis
Si je n'avais eu l'amour fiché au cœur
plus loin que la peur

Les Îles-de-la-Madeleine, août 1979

Table

Aux éditions de la pleine lune,

le journal d'une folle, *Marie Savard.*

envoie ta foudre jusqu'à la mort, abracadabra, *Germaine Beaulieu.*

te prends-tu pour une folle, madame chose?, *groupe de femmes.*

georgie, *Jeanne d'Arc Jutras.*

bien à moi, *Marie Savard.*

si m'agrée, *Catherine Cheskinova.*

chronique lesbienne du moyen-âge québécois, *Jovette Marchessault.*

achevé d'imprimer
sous les presses de l'Éclaireur
en mars mil neuf cent quatre-vingt
Québec